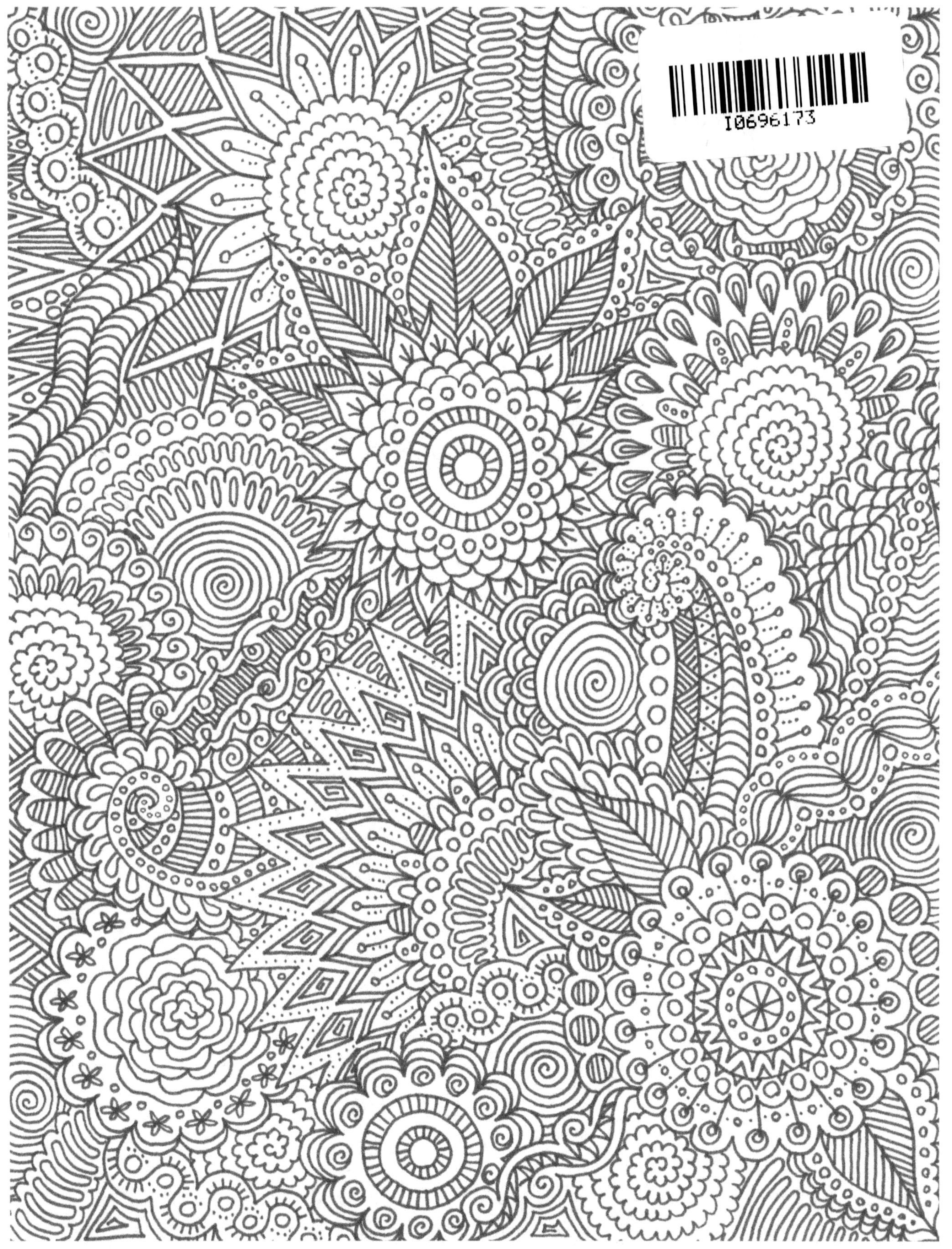
I0696173

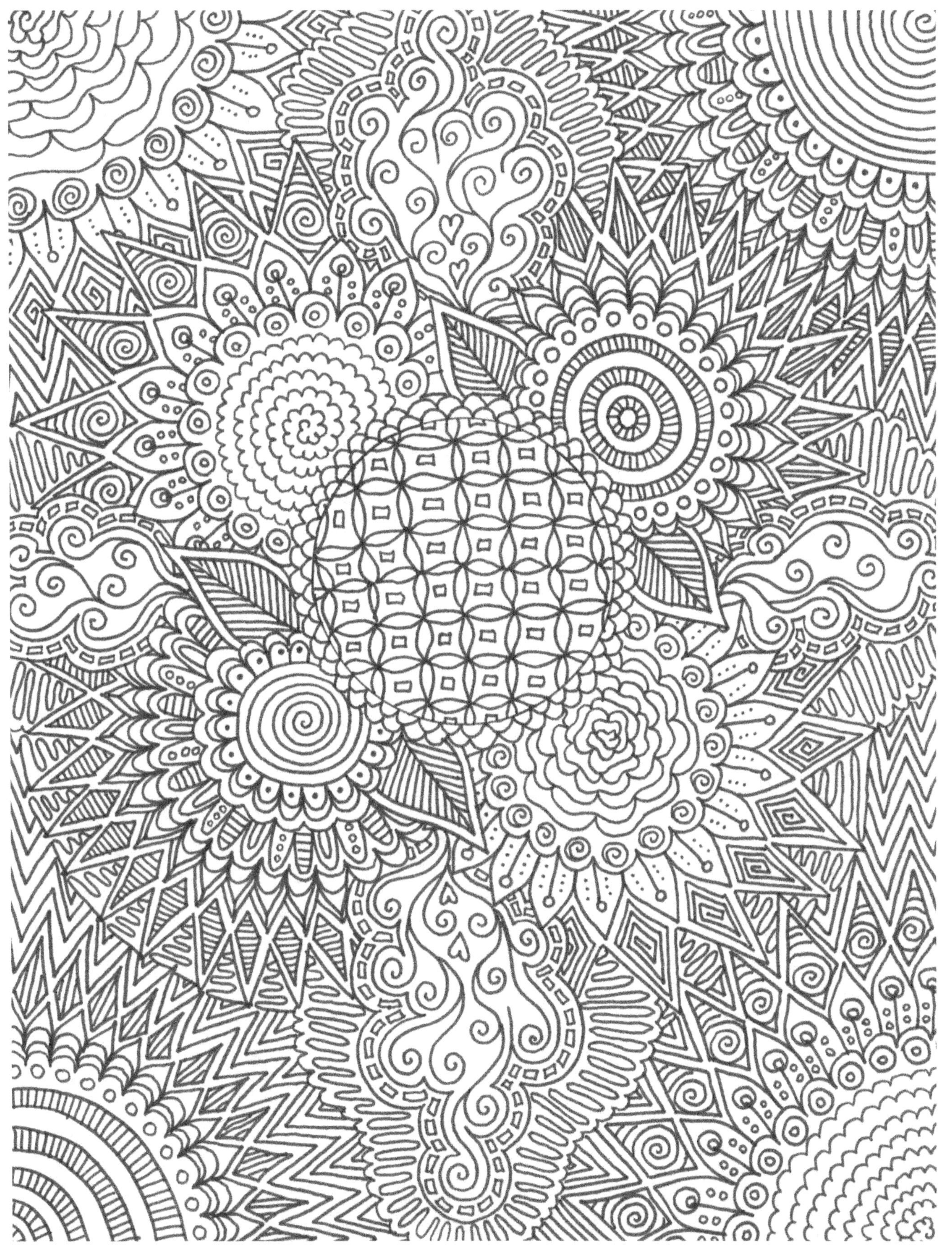

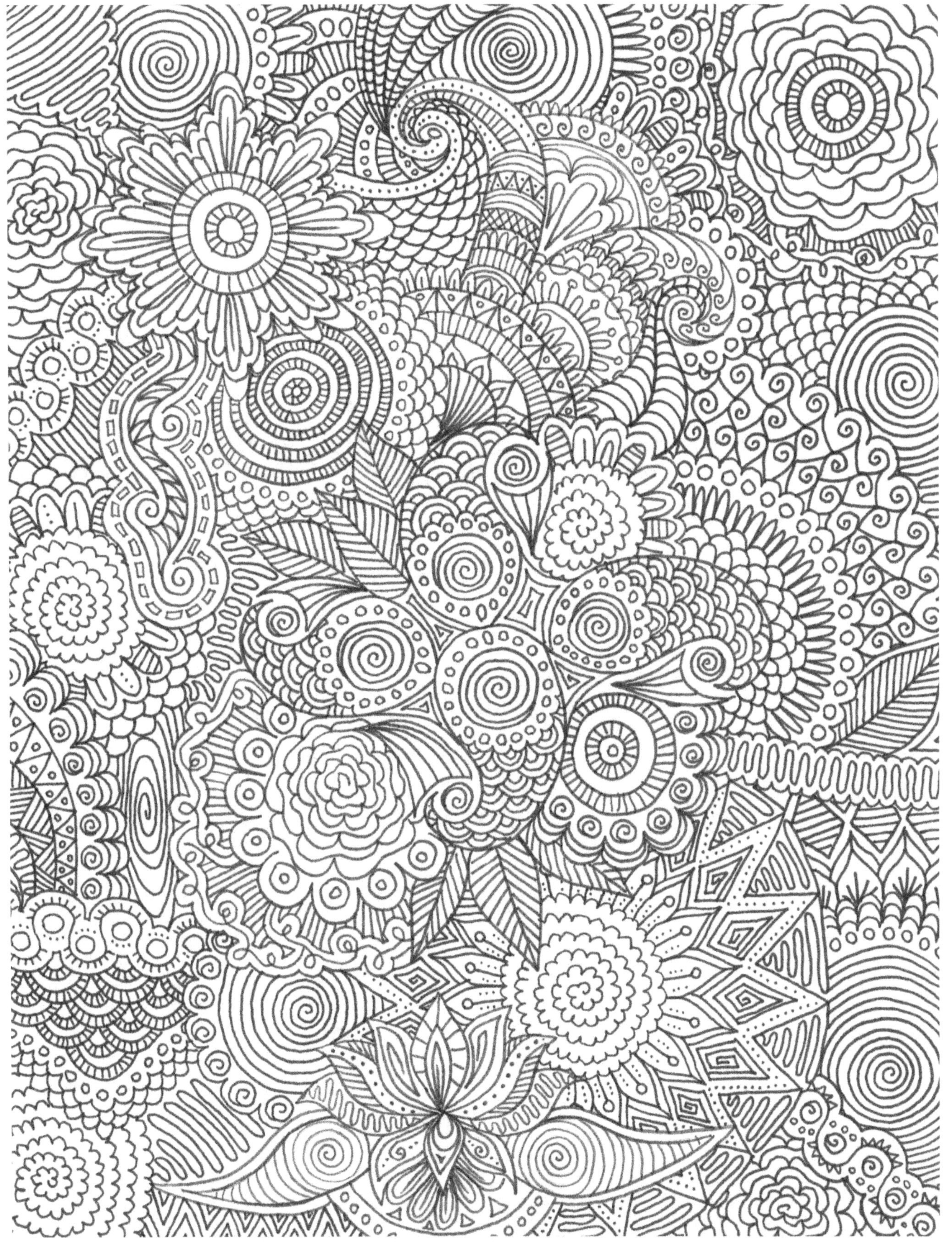

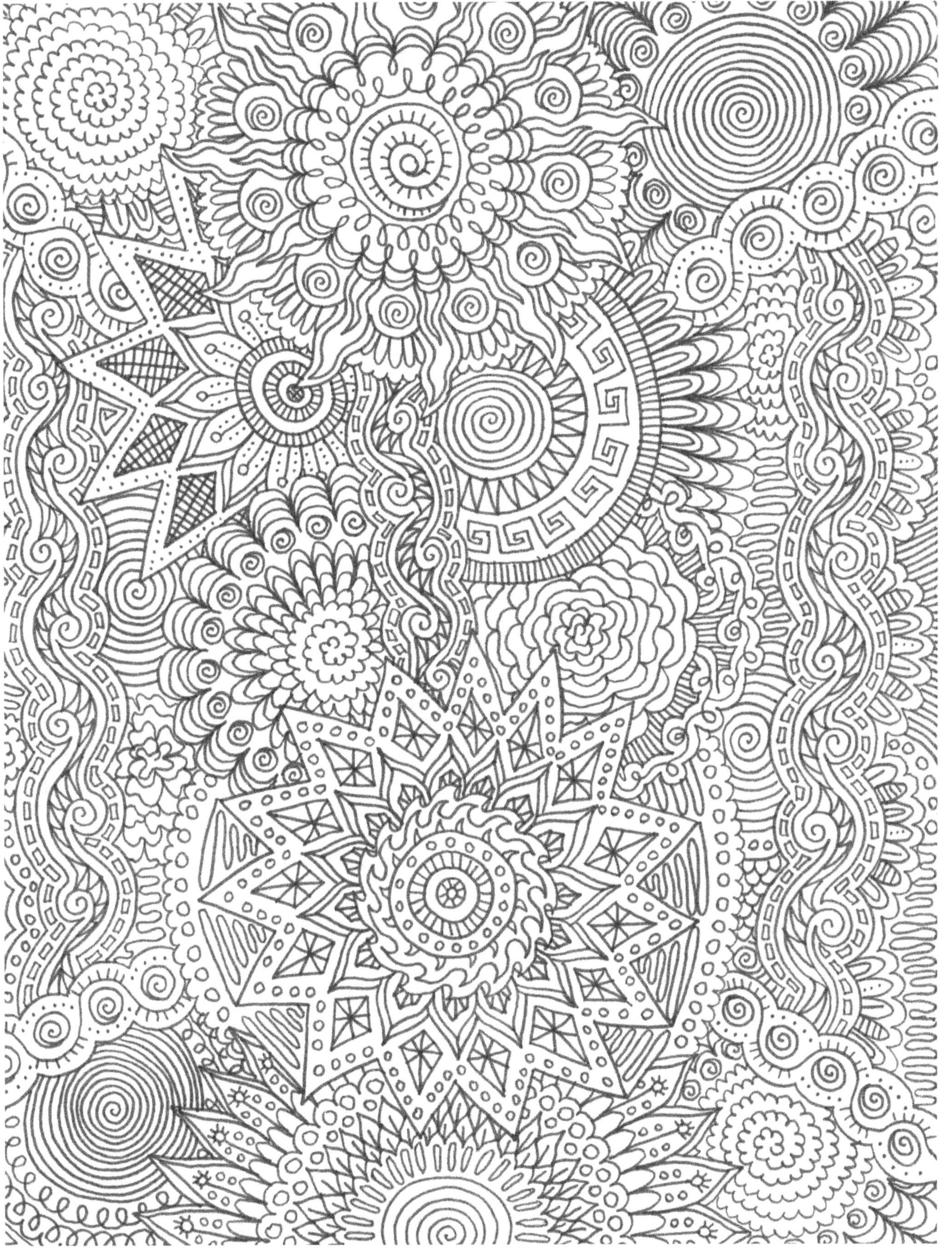

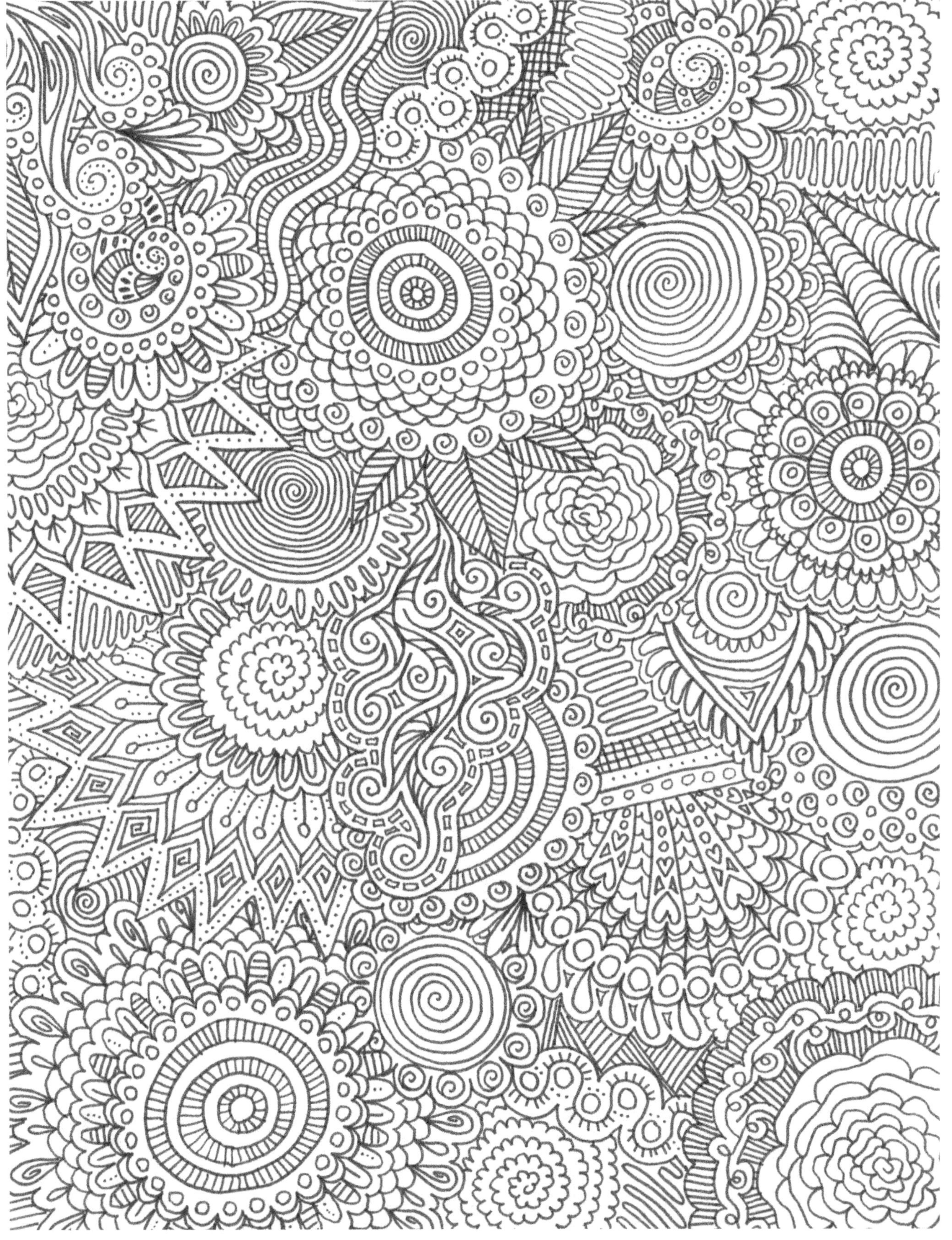

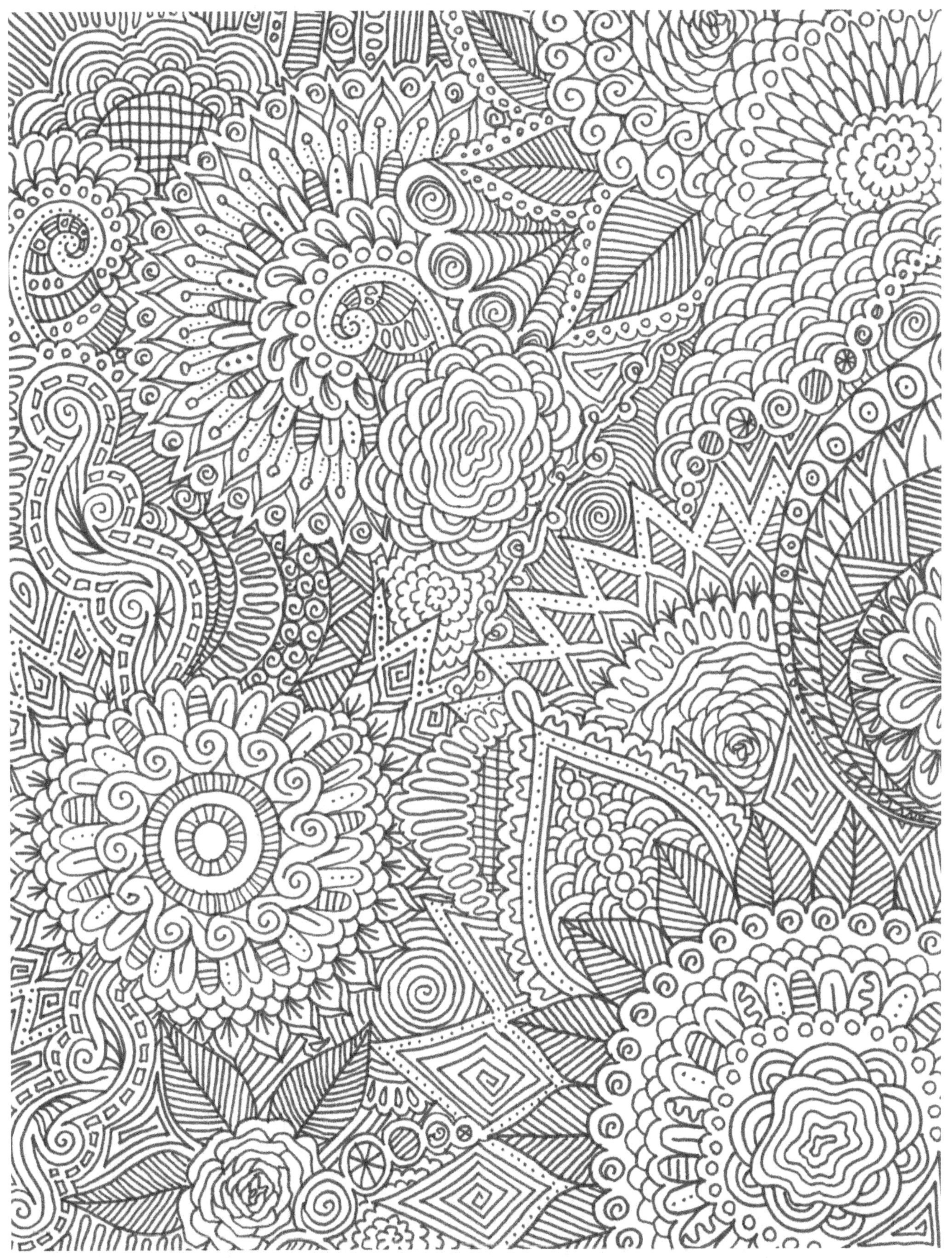

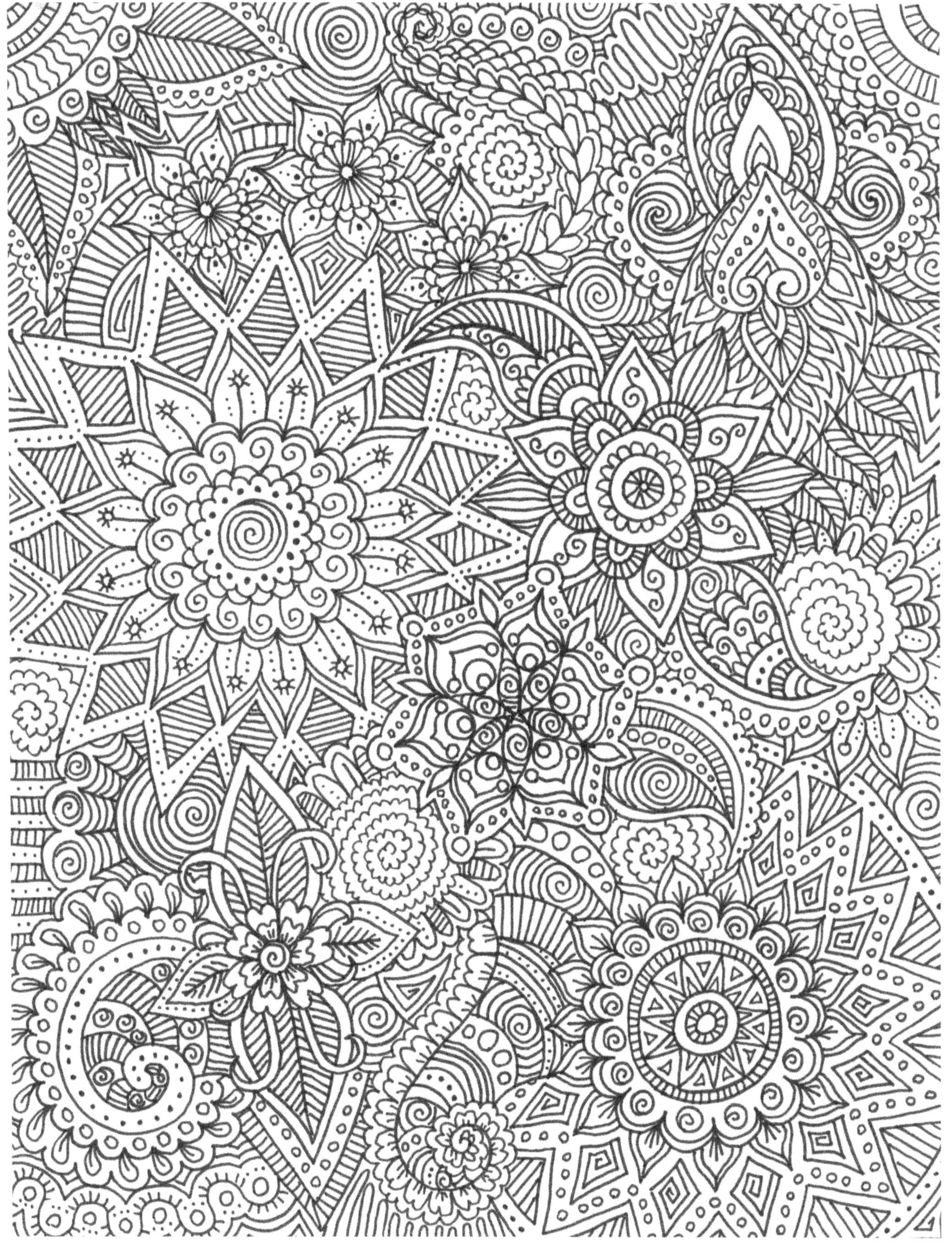

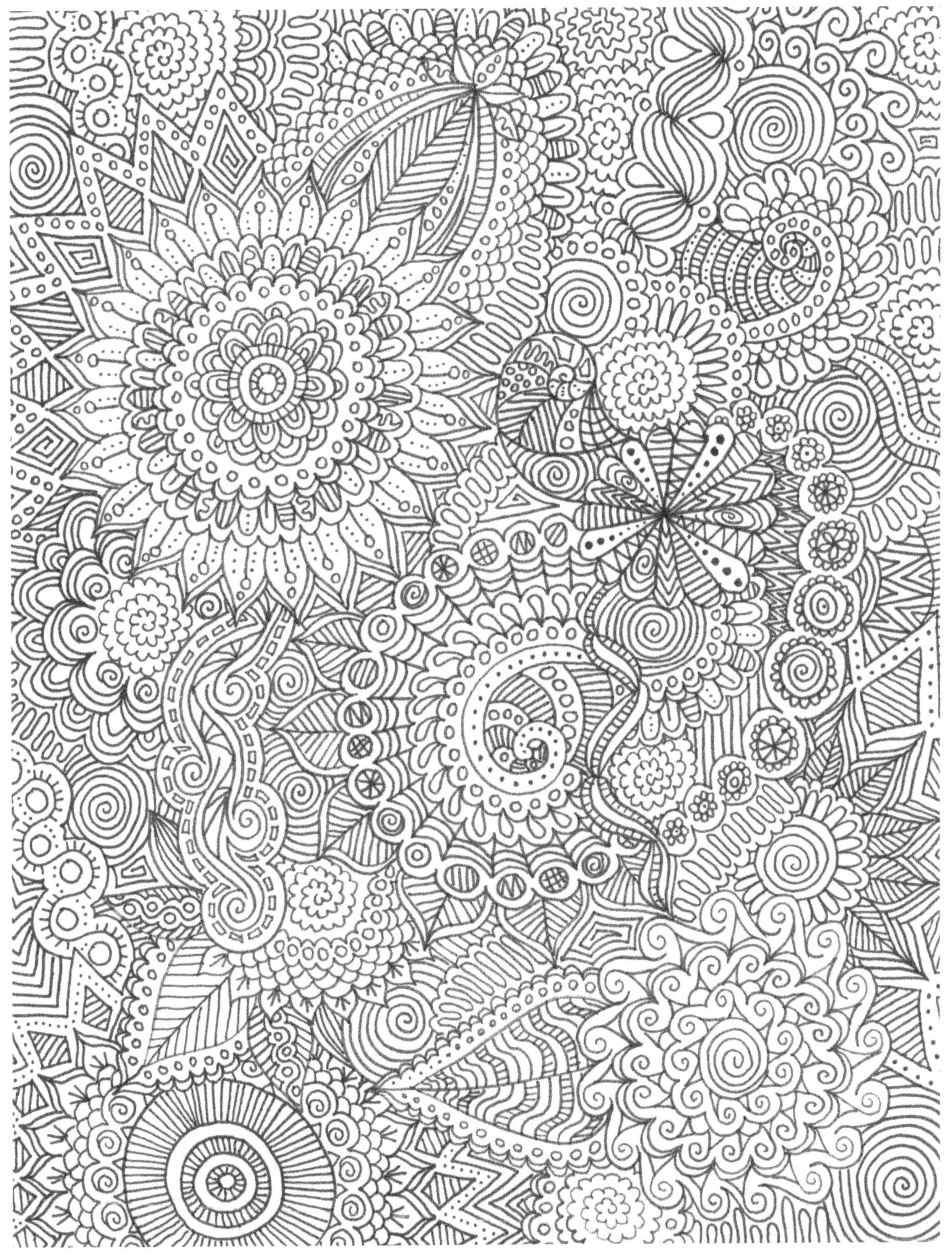

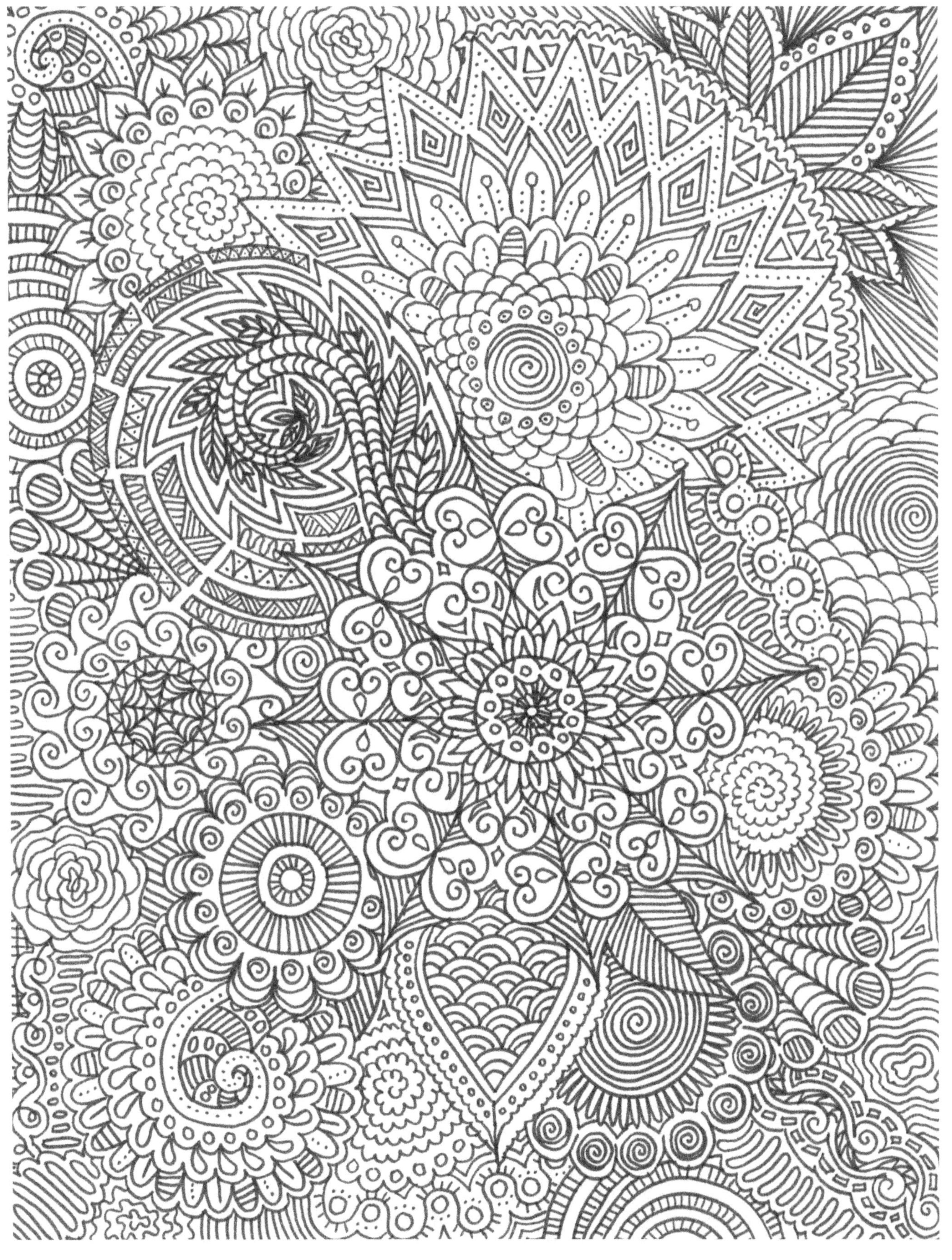

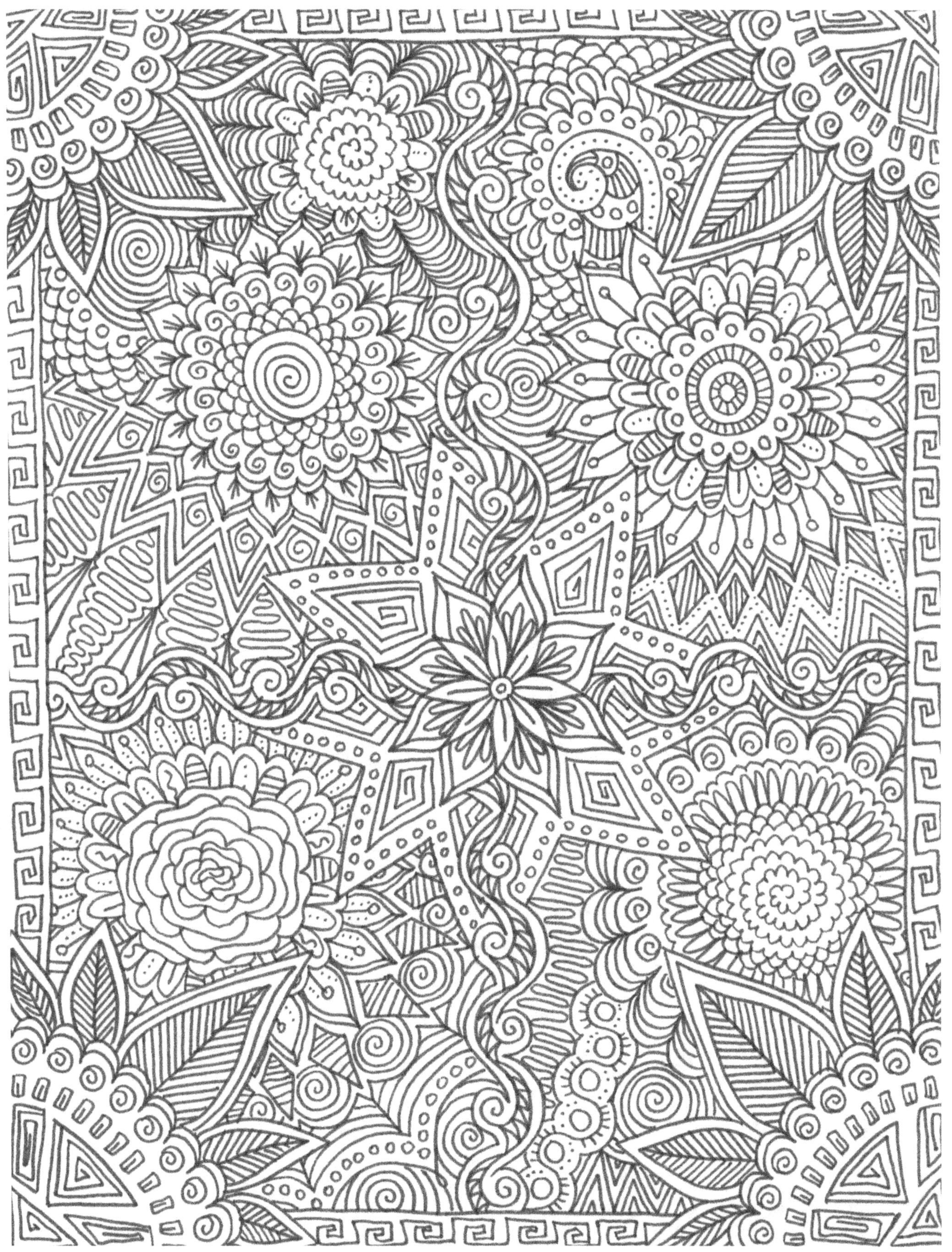

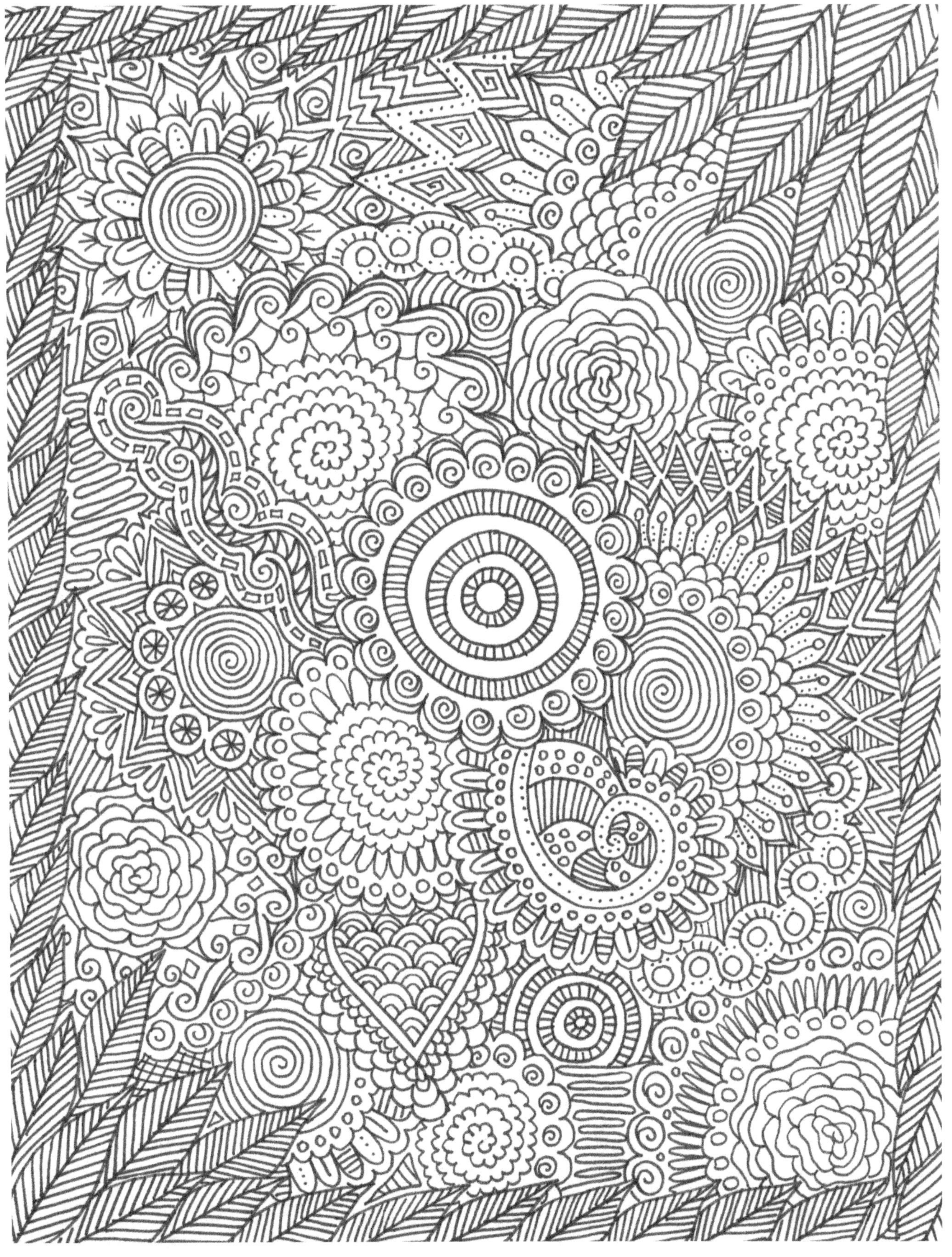

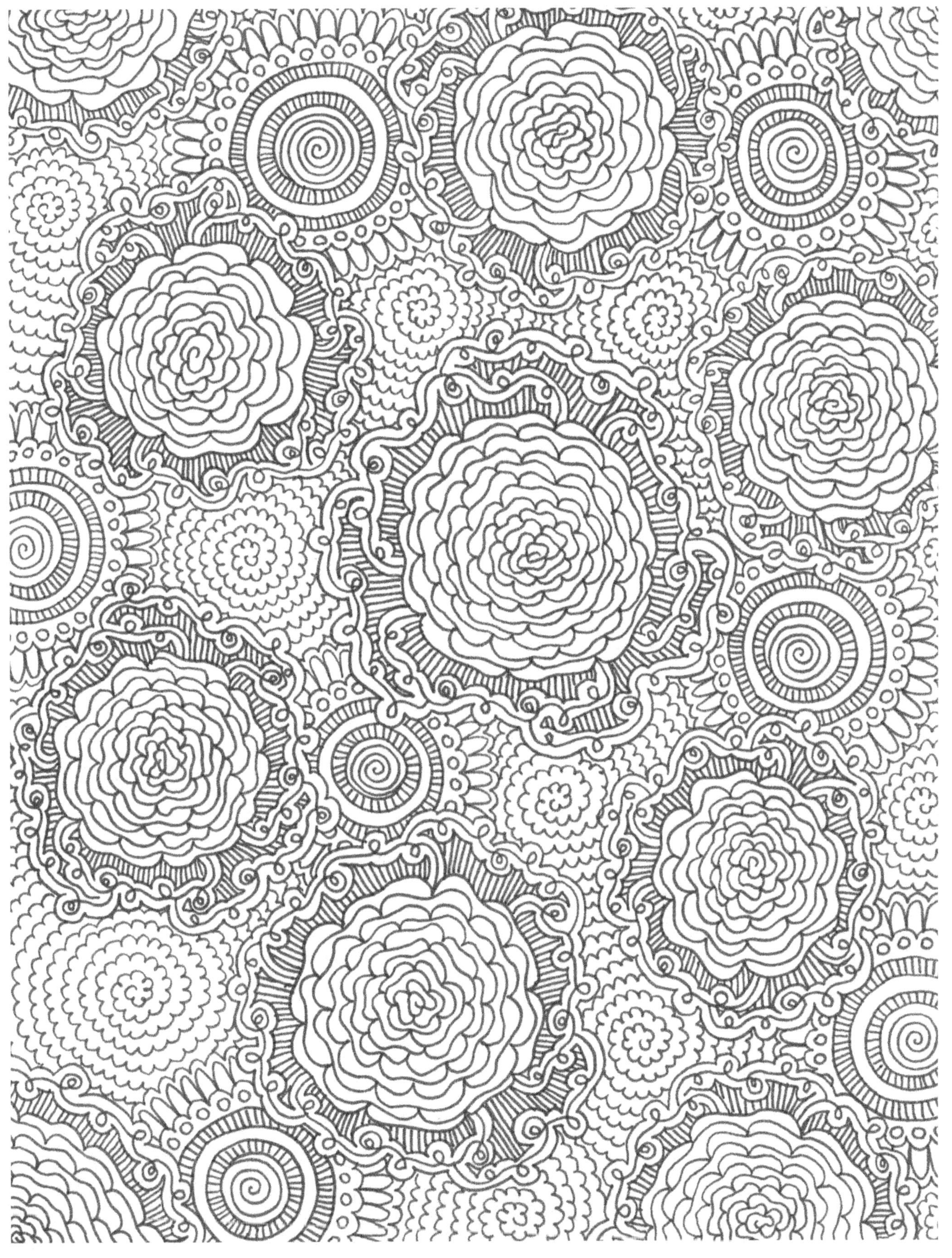

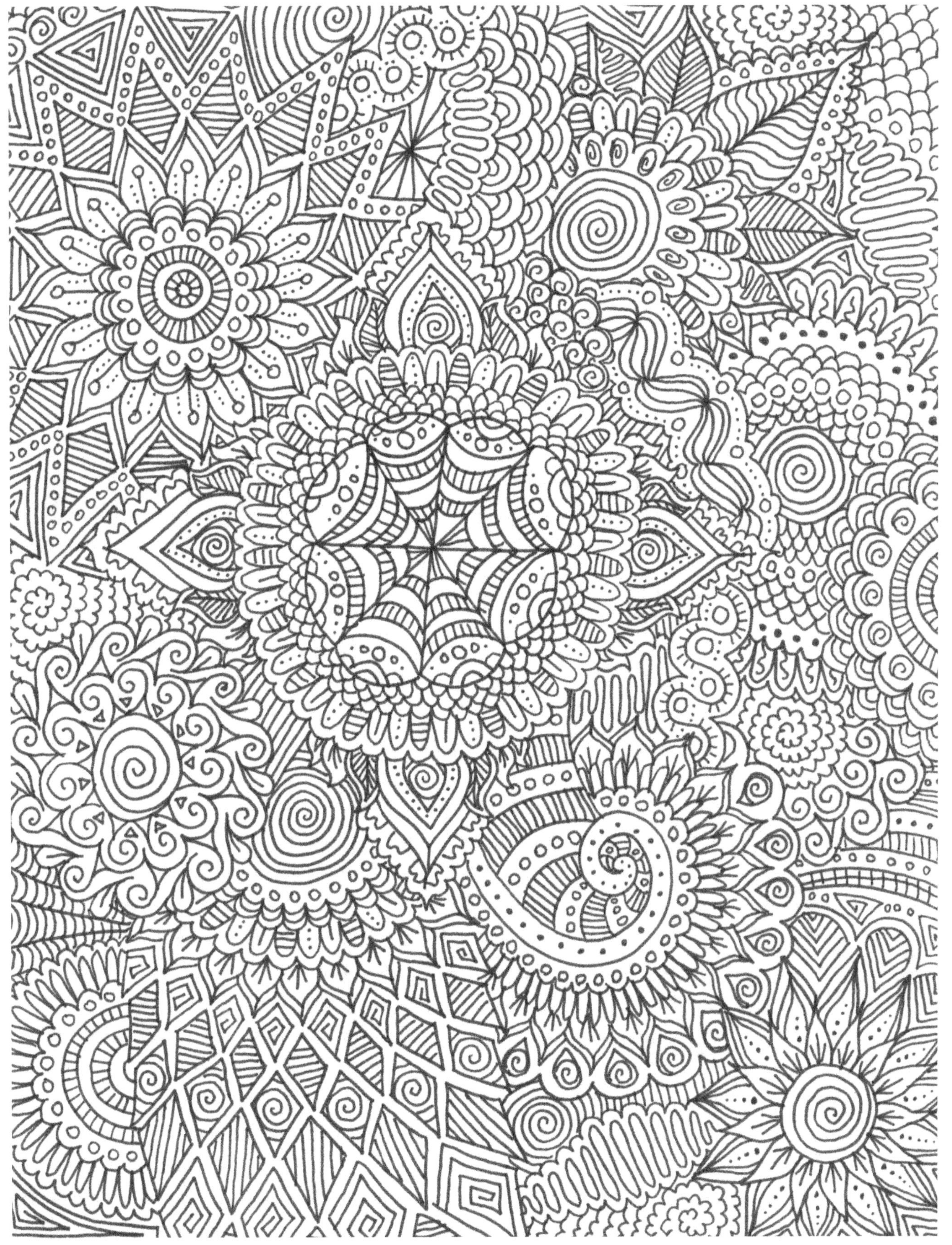

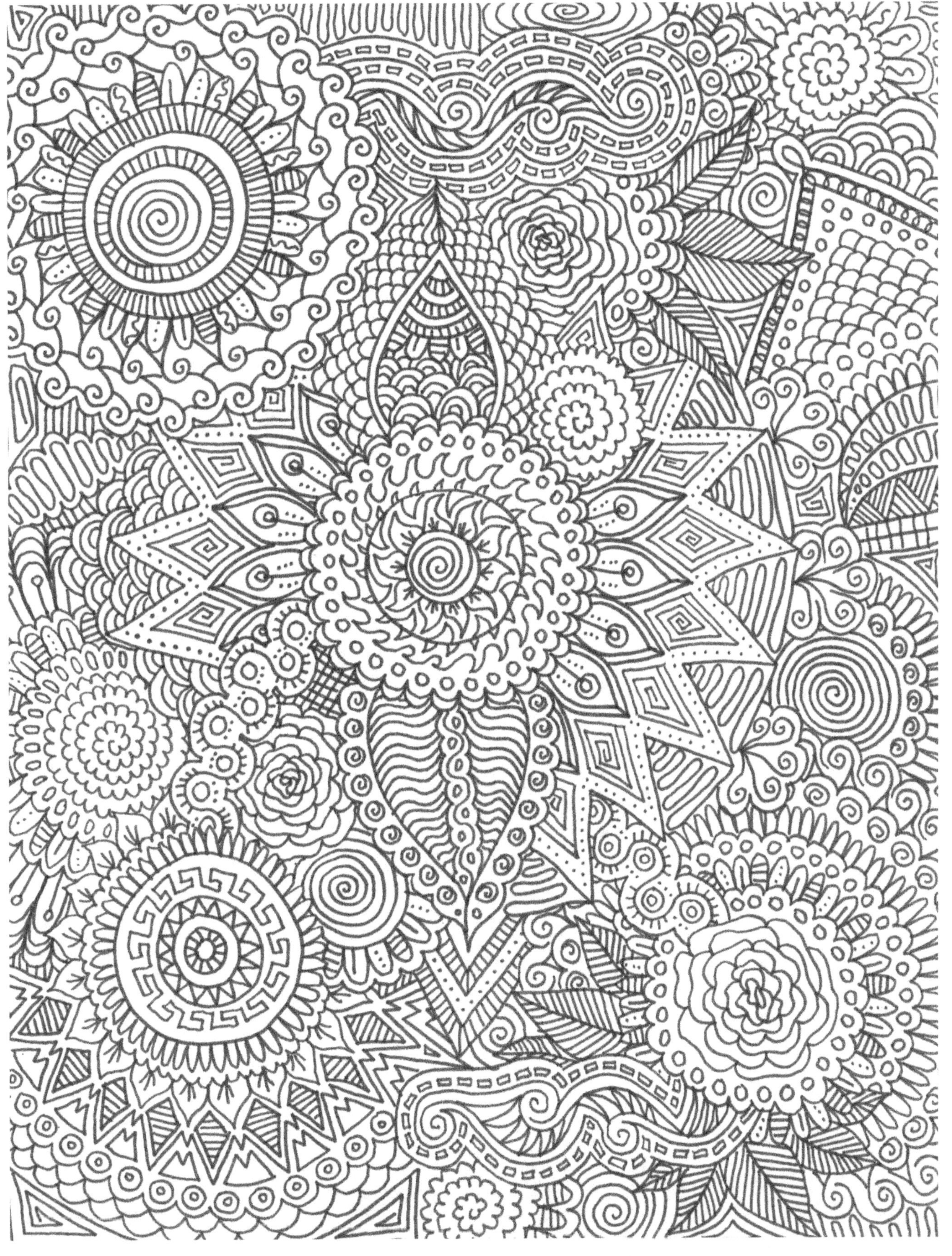

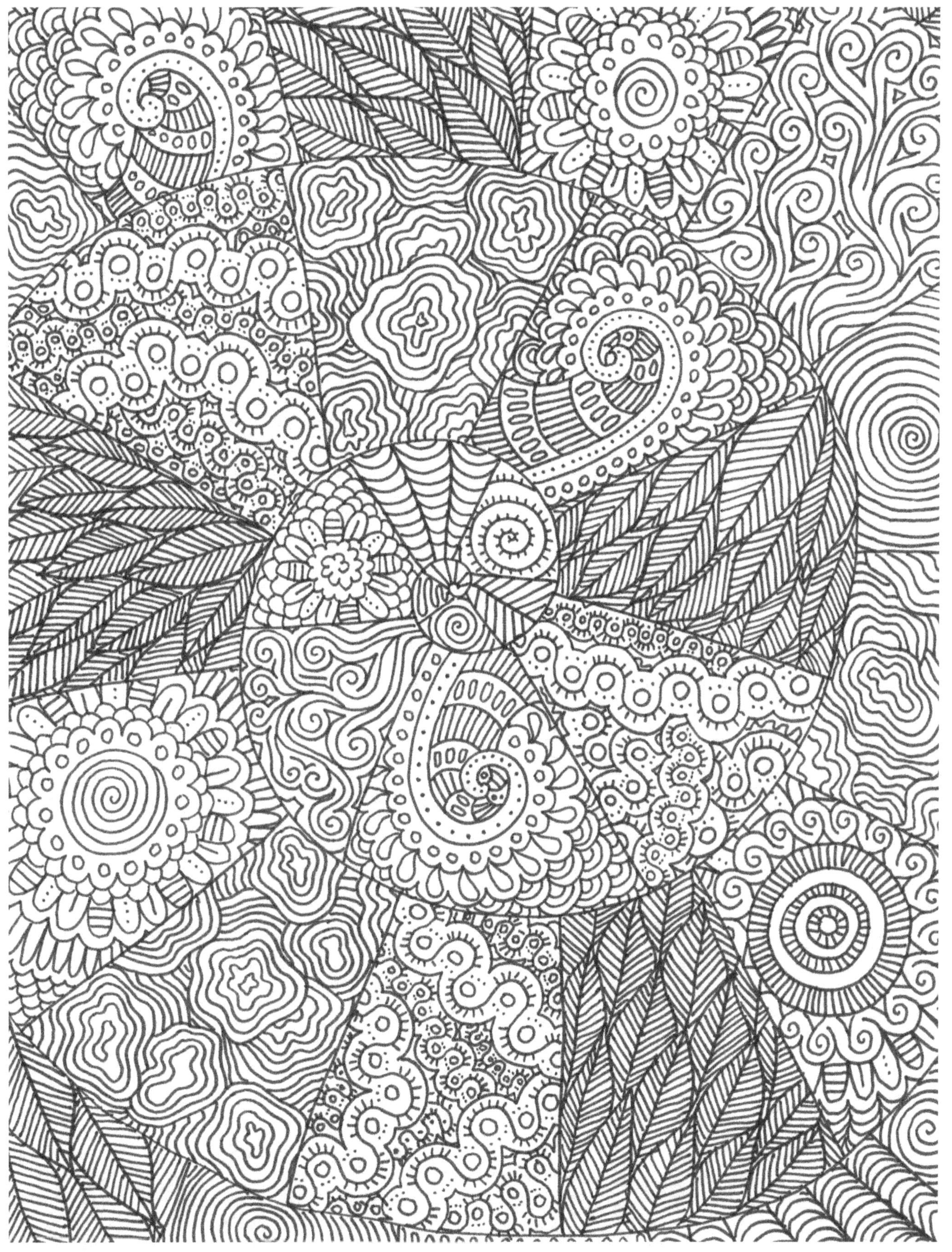

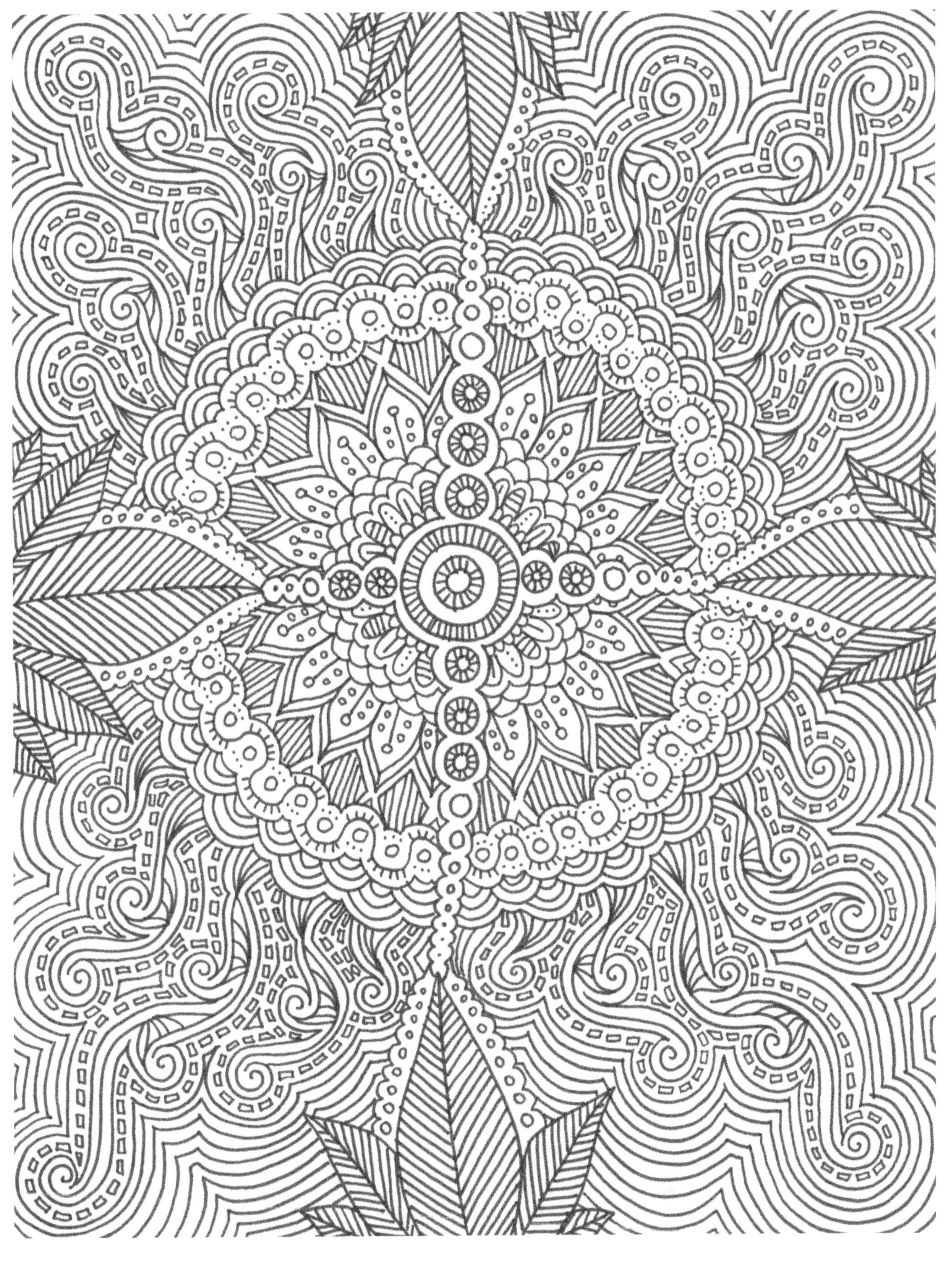

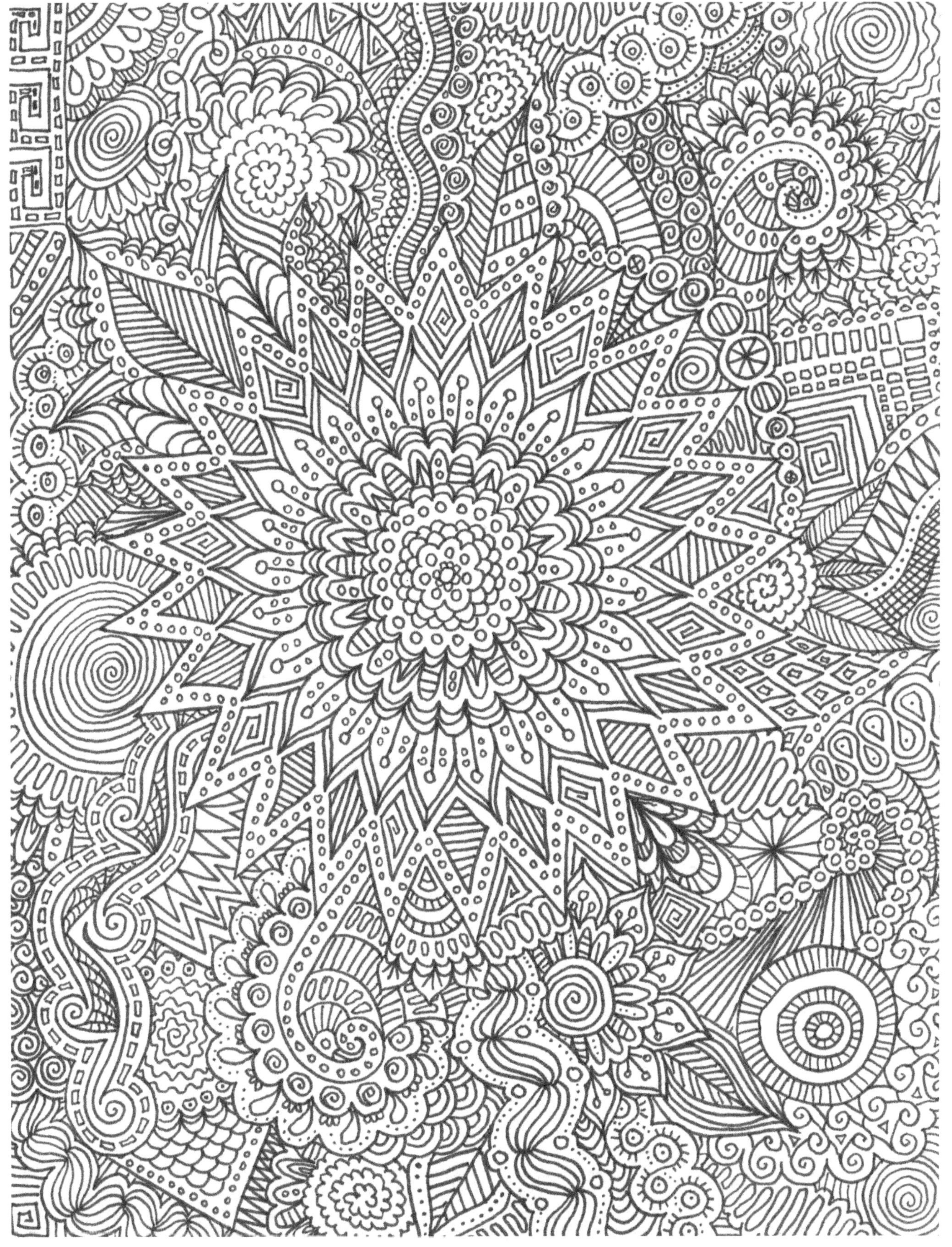

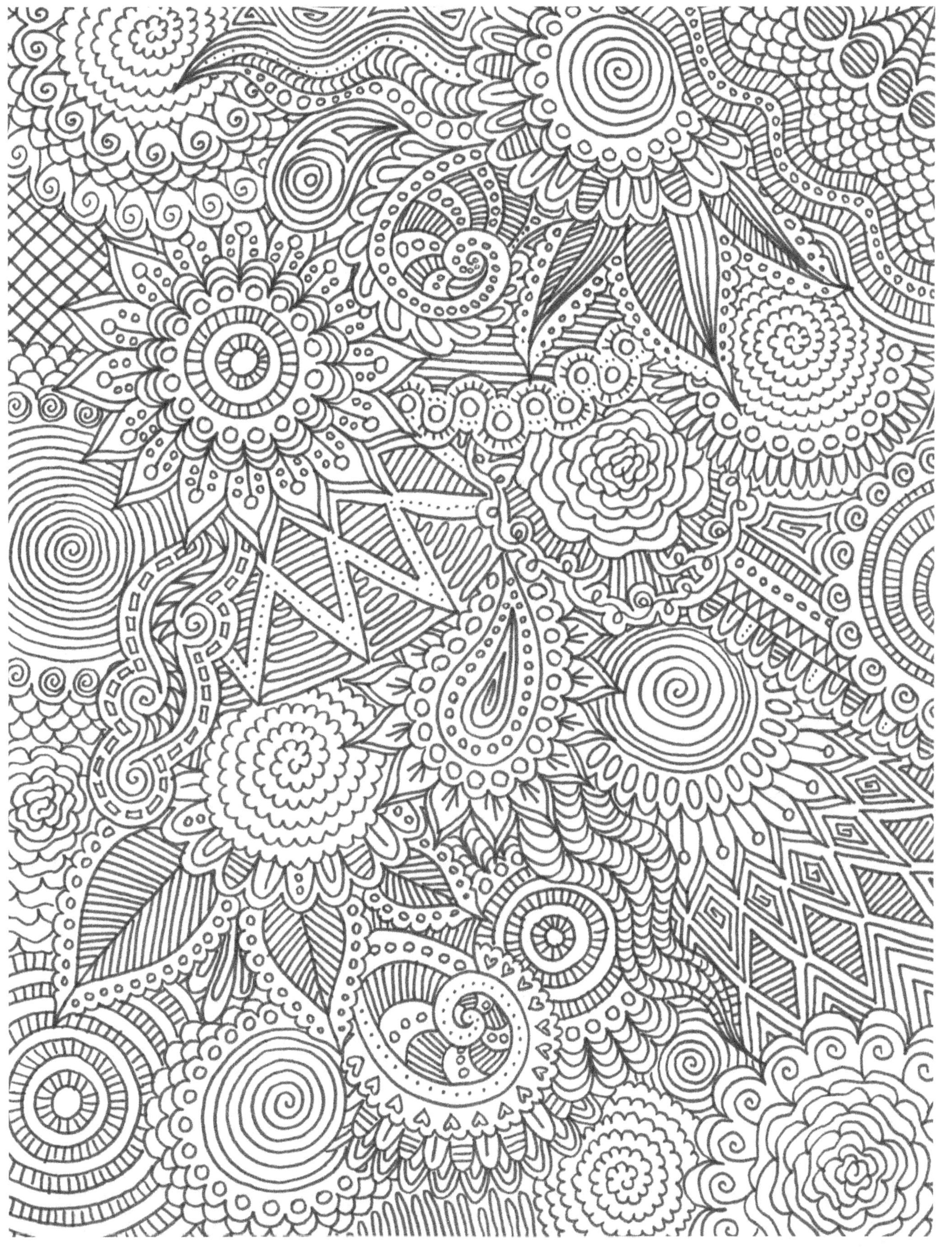

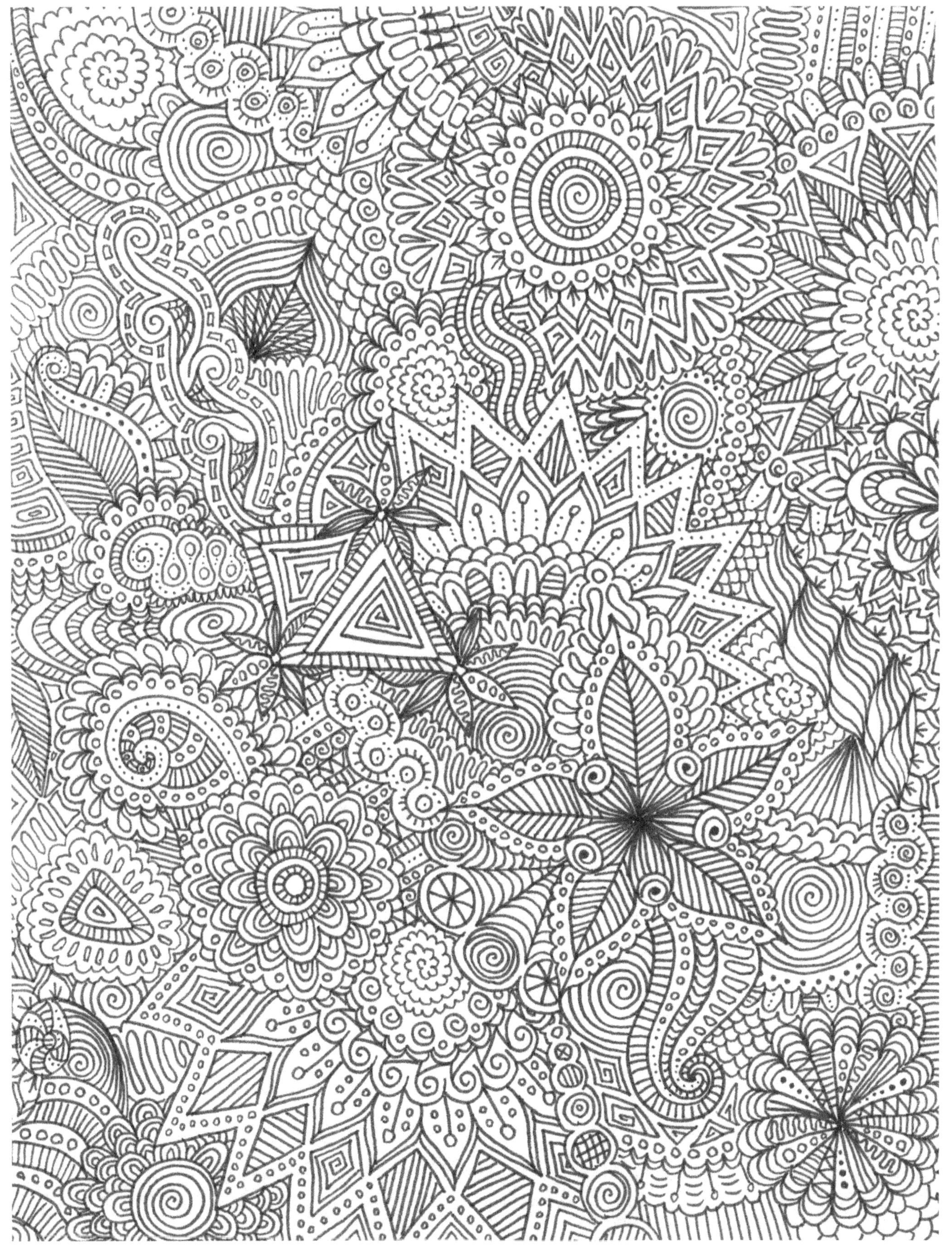

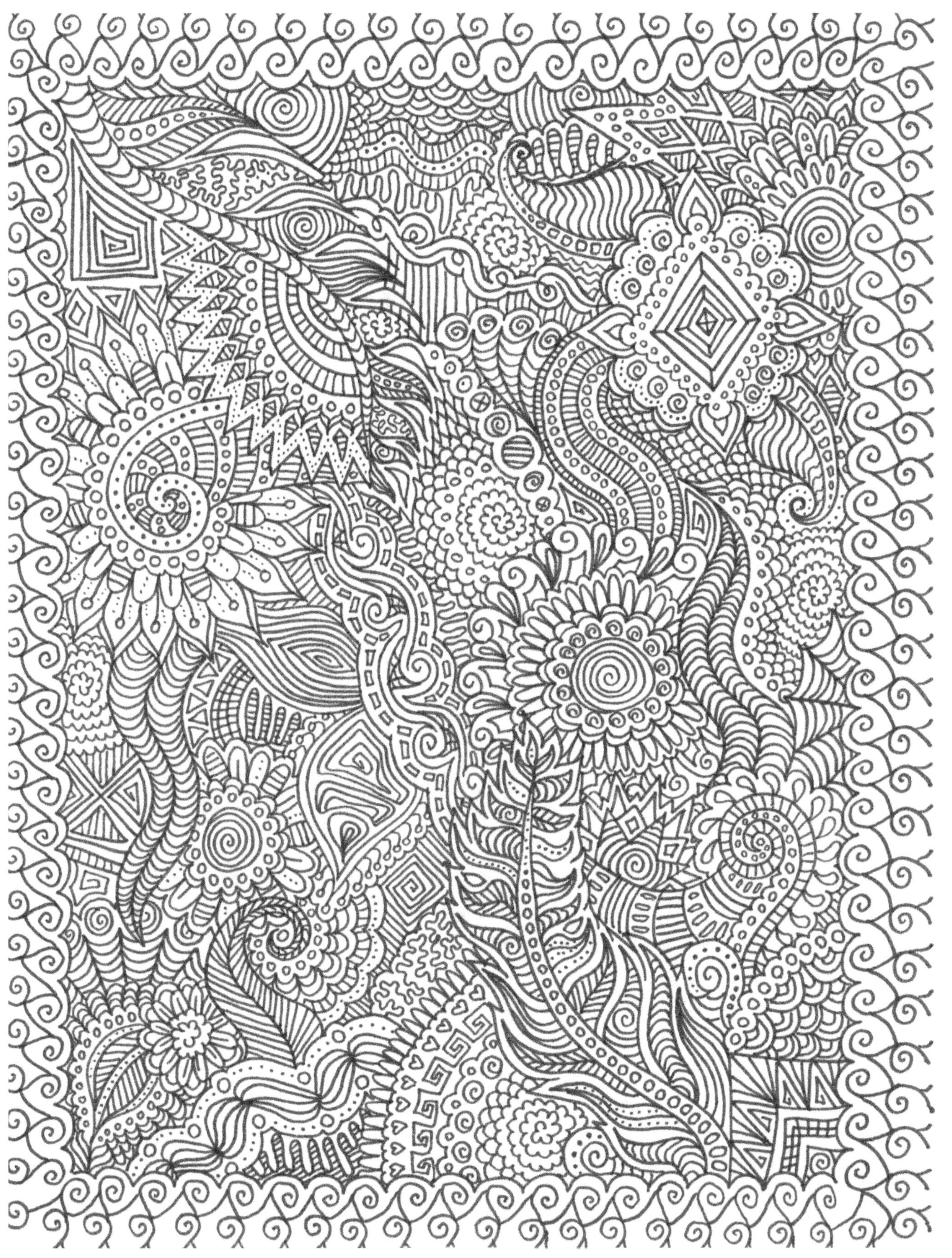